Momentos

Momentos

Poesía

por

RAÚL PORTUONDO DUANY

Prólogo

JORGE DUANY

Arte en fotomontaje

CARLOS GAUDIER PIRALLO

iUniverse, Inc.
Bloomington

MOMENTOS

Los libros de iUniverse se pueden pedir a través de librerías o poniéndose en contacto con:

iUniverse
1663 Liberty Drive
Bloomington, IN 47403
www.iuniverse.com
1-800-Authors (1-800-288-4677)

ISBN: 978-1-4620-6959-0 (tapa blanda)
ISBN: 978-1-4620-6960-6 (libro electrónico)

Este libro fue impreso en los Estados Unidos de América.

Fecha de revisión de iUniverse: 16 de diciembre de 2011

A mis hijos, Heidi, Erwin y Juan Raúl y a mi esposa, Adelissa, fuerza impulsora en la publicación de este librillo.

ÍNDICE

PRÓLOGO

Jorge Duany

Recuerdo cuando conocí a mi primo Raúl (o Raulito, como siempre le hemos dicho en casa); o más bien me reencontré con él. Fue en el verano de 1981, cuando regresé a Cuba por primera vez después de dos décadas. Quería redescubrir a mis parientes que se habían quedado en La Habana y palpar la sociedad cubana después de la Revolución. Cuando volví a Berkeley, donde hacía mis estudios graduados, le escribí a Raúl una "Carta a mi primo que vive en La Habana", algo así como una crónica de ese viaje a la semilla. Allí le contaba que me había encantado verlo nuevamente y darme cuenta de que, a pesar del tiempo y la distancia física e ideológica, los cubanos de la Isla también comían, trabajaban, dormían, amaban, sufrían y hacían lo mismo que los que nos habíamos ido. Nuestras intensas y extensas conversaciones mientras caminábamos por las calles habaneras me ayudaron a reconciliarme con mi pasado, a comparar nuestras vidas paralelas y a estar en paz conmigo mismo.

Ahora me llega esta estupenda recopilación de los poemas que ha escrito Raúl a lo largo de cinco décadas, desde sus primeros intentos adolescentes hasta sus textos más maduros. La lectura del poemario me reconfirma que mi primo experimentó fuertes sensaciones y vivencias, primero en su natal Cuba, luego durante sus estudios en Moscú, más tarde durante su breve estadía en México y más recientemente en

Puerto Rico. Aunque el autor no suele referirse directamente al contexto biográfico e histórico en que surgieron sus textos, ese contexto sirve de telón de fondo de su escritura. El recuerdo del primer beso, la búsqueda de la mujer ideal, los desengaños amorosos, la unión y la separación conyugal, el milagro de los hijos, el paso del tiempo, las dudas existenciales, la soledad acentuada por el destierro y las reflexiones sobre el sentido de la vida y la muerte marcan la trayectoria poética del autor. A veces creo reconocer un evento real, un lugar concreto o un nombre específico que dio pie a un poema. Pero, en el fondo, los detalles circunstanciales no importan mucho, sino la manera en que Raúl los transforma en material literario. Aquellos que conocen su vocación como profesor de física quizás sonreirán ante su capacidad para convertir algunas referencias prosaicas (como átomos, electrones, moléculas y números cuánticos) en objetos de meditación metafísica.

Para mí, los textos más conmovedores son los que elaboran temas íntimos y familiares, como la ausencia del país de origen, la lejanía de los seres y lugares queridos, la ilusión y el fracaso del amor romántico, los paseos educativos con sus hijos Erwin y Heidi, el esfuerzo por empezar una nueva vida a mitad de camino, la lucha constante por sobreponerse a la adversidad, la alegría de enamorarse de Adelissa, ayudar a criar a Elisa y Nico y recibir al recién nacido Juan Raúl. Algunos de esos textos me tocan muy de cerca, como los merecidos homenajes a mi extraordinaria tía Consuelo y la evocación de la legendaria casa de nuestro abuelo Antonio en Ciudamar, en Santiago de Cuba. Me hubiera gustado escribir sobre tales asuntos, pero ya Raúl lo ha hecho muy bien.

Llaman la atención los cambios en la forma y el tono de la voz poética a través del tiempo, desde aquellos sonetos y cuartetos precoces, inspirados por las lecturas de Lope de Vega, Rubén Darío y quizás José Martí, hasta los versos libres que se preguntan qué queda de la poesía hoy día. Me parece escuchar ecos de la poesía abstracta de Jorge Luis Borges en algunos de los textos maduros de Raúl. No obstante, un vigoroso yo poético conecta los primeros y los últimos textos de manera transparente, aunque en evolución constante. No importa que esté contemplando el mar, la lluvia, la luna o las estrellas, el autor de estos versos va apropiándose de esas imágenes externas para construir un mundo espiritual muy rico y complejo. En los últimos textos, percibo una depuración estilística que busca una expresión más llana del sentimiento y el pensamiento, más allá de la preocupación por la rima y el ritmo, alejándose del lenguaje metafórico de sus primeros ensayos. Como sostiene el propio Raúl, sus poemas más recientes aspiran a ser "Tan sólo líneas enlazadas / por un tema central, / por una idea, / que se deja acariciar sin consistencia".

Finalmente, celebro la transición en el estado de ánimo del poemario, desde la incertidumbre, la impotencia y el pesimismo, hasta la aceptación, la plenitud y la armonía. En la medida en que los textos están ordenados cronológicamente, reflejan algunos de los episodios más difíciles por los que ha pasado su autor. Siento que sus poemas se van moviendo de las sombras, las tinieblas y las brumas hacia la luz, la calma y la esperanza. Los que conocemos a Raúl detectaremos aquí huellas de sus experiencias como hijo, hermano, esposo, padre, primo, abuelo, amigo y maestro. En varios de esos "momentos" salen a relucir sus múltiples virtudes personales, tales como la inteligencia, la sensibilidad, la generosidad y la integridad moral. Los que aún no hayan conocido al autor tendrán la oportunidad de acercarse a toda una vida plasmada en textos literarios de alta calidad, honda inquietud filosófica, emociones a veces encontradas y testimonios sinceros de la época que le tocó vivir.

Felicito a la musa del poeta, Adelissa, por haberlo convencido de reunir y publicar sus escritos literarios. Agradezco a Raúl que haya decidido compartir sus vivencias con un público más allá de sus familiares y amistades más cercanas. Y termino esta especie de "Carta a mi primo que ya no vive en La Habana", esperando que los lectores disfruten tanto como yo de la lectura de esta obra de alguien que ha logrado conjugar la física con la poesía.

INTRODUCCIÓN

Este poemario recoge la mayor parte de las poesías que he compuesto a lo largo de mi vida. De alguna manera son un diario incompleto de las sensaciones y vivencias por las que he transitado. Las consideré siempre mi pintura personal, compartida solamente con familiares y amigos. Más de uno, en alguna ocasión me ha propuesto publicarlas, compartirlas de una manera más amplia, y es lo que hago ahora, impulsado fundamentalmente por mi esposa.

Las poesías las he agrupado por el tipo de sentimiento que las motivó, o los momentos personales, y estados de ánimo, que las provocaron. En cada grupo aparecen en el orden temporal en que fueron escritas.

Momentos de "Imposibles" hay siempre en la vida de cualquiera: deseos que son irrealizables por una u otra circunstancia, y de muy variados tipos. Los Momentos de "Ensueños" reflejan las ilusiones de mi etapa adolescente. "Ansiedades" están ligadas a algún tipo de angustia, llevaderas unas, asfixiantes otras. "Añoranzas" se producen al recordar momentos que dieron felicidad. Momentos de "Familia" se corresponden con recuerdos familiares. "Reflexiones" resultan de los momentos en que hacemos un poco de filosofía personal. "Variedades" son poesías circunstanciales que no encajan en los grupos anteriores. "Dicha", al ver la que tengo en mi recta final y en lo que está por venir.

1

Imposibles.

Horizonte. (1963)

La mar es un campo
de luces y sombras,
y el cielo, tan alto,
se une a ese baile
fugaz de las ondas
besando el perfil
de la mar, silencioso . . .
Y es un beso callado,
feliz, amoroso . . .
Aquel bello horizonte
es feliz . . . A lo lejos . . .
Es la cumbre de un monte
que ha alcanzado un deseo . . .
Mas de cerca . . . Se rompe
y no hay tal embeleso,
porque aquel horizonte
dista mucho del cielo
y es tan sólo en un sueño
que ha existido aquel beso . . .

CRISTAL

Se me interpone un cristal
que me deja ver deseos
sin dejármelos lograr . . .
Un cristal que es transparente
y permite contemplar
el ensueño más hermoso . . .
¡Siempre detrás del cristal . . . !

ANSIEDAD

Busco un rayo de luz
al que no llego . . .
Lo distingo en la penumbra,
no está lejos . . .
Si me llega a alumbrar:
tan sólo sueño . . .
Si se vuelve a apagar:
estoy despierto . . .
Y sigo en la penumbra,
como un ciego,
presintiendo la luz:
¡y no la veo . . . !

La Isla del Mar

Allá voy entre las brumas
hacia la Isla del Mar,
sobre la espuma del agua
que ondula, baila y se alegra,
salpica cantando penas,
refresca con sus caricias,
deleita con su murmullo,
arrulla con su llorar . . .
Allá voy, lento, despacio,
hacia la Isla del Mar . . .

Claros hay entre las brumas
que la luna, con cautela,
aprovecha silenciosa
para su rostro asomar,
que deslumbra, encantadora,
con su brillo de ilusiones,
y soñadora se muestra
al encanto de su luz,
que finalmente se ahoga
cuando regresan las brumas
del abismo negriazul . . .
Y a la Isla del Mar busco
en el mar de la quietud . . .

Se va de nuevo la bruma
y se asoman las estrellas
que se miran muy curiosas
sobre el espejo del mar;
y, silencioso, contemplo,
brillando allá, en las alturas,
tan bellas luces de ensueño,
que, luego, al mirar las aguas
nuevamente las encuentro
por la magia del reflejo,
sintiendo así, con asombro,
que estoy flotando en el cielo,
hasta que vuelve la bruma
con su halo de humedad . . .
Y, lento, sigo mi rumbo
hacia la Isla del Mar . . .

Viene un aire que se lleva
toda la bruma cercana
dejando ver, un instante,
allá sobre el horizonte,
el perfil de una montaña
queriendo el cielo tocar;
una montaña encantada
donde habitan las estrellas,
donde la luna descansa
mientras no hay oscuridad;
una montaña sin nombre
que es el trono de la Noche
y que contiene en su seno
un polvillo misterioso
que la Noche nos regala
cuando queremos soñar . . .
Una montaña sin nombre
que está en la Isla del Mar . . .

Y hacia ella me dirijo
por sobre el mar y entre brumas,
con la luna y las estrellas,
con el canto de las aguas,
con mis sueños de esperanzas,
con mi amor sin estallar.
Soy un hijo de la Noche
y a su reino me dirijo;
soy amigo del abismo
que oculta el mar en su seno;
soy un eterno viajero
anhelante de una isla
que flota en el horizonte:
nunca delante ni atrás . . .
Y hacia allá sigue mi ruta:
hacia la Isla del Mar . . .

ESPEJO DEL MAR.

Anoche cuántas cosas
del mar tan misterioso
veía como nuevas.
El ritmo cadencioso
del canto de las olas
que raudas y potentes
chocaban con las rocas
y hacíanse rocío.
Un lánguido gemido
nacido de lo lejos
venía con la brisa
cual suspiro y sonrisa
del mar que sollozaba.
La húmeda fragancia,
distinta, me envolvía
y el silencioso frío
perdió su tono umbrío
de gris melancolía.
Diamantes en el agua
bailaban dulcemente,
estrellas muy lejanas
que sin dejar el cielo
vinieron a nadar.
Anoche, ¿cuántas cosas
pasaron de verdad?

Una estrella encantada
no bajó hasta las aguas,
sino vino a mi lado
y se puso a soñar.
Y soñó con la brisa,
con el mar y sus cantos,
recordó los encantos
de un crepúsculo eterno,
se buscó por un valle
que soñaba muy bello,
se durmió entre la hierba
de un querido lugar . . .

Y yo miré, dudando,
de aquella fantasía;
adelantar mi mano
ansiaba, más temía
que estuviese en el cielo
la estrella soñadora
y, estancado a mi lado,
reflejando un anhelo,
sólo hubiese un espejo
salido de la mar.

Anoche cuántas cosas
soñé sin despertar . . .

GOTA DE LLUVIA.

Cae la lluvia, e inevitablemente
me aproximo al cristal de mi ventana
a contemplar del cielo su llorar;
cae la lluvia tras un velo de persianas
y a lo lejos . . . A lo lejos se ve el mar.
Una gota, prisionera de la brisa,
es sacada de la mágica cascada,
cesando la armonía de su dicha
por quedarse en la prisión de mi cristal;
y mirando sin mirar, veo a lo lejos,
a través de la gota prisionera,
todo un mar que se agita en desespero
por la gota que le acaban de robar.
Lentamente, la gota se desliza
y me muestra, temblorosa, sus angustias:
la inquietud que la embarga, el desconsuelo,
el temor de morir sin ver el cielo
que se esconde en el mar que ella soñó.
Casi creo que me mira, que me pide,
que me dice que la arranque de este vidrio,
que volar nuevamente es su deseo
para llegar hasta el mar que la llamó . . .
Y golpeo suavemente sobre el vidrio
y descubro que una gota dice adiós . . .

Ya la lluvia ha cesado por completo
y pienso nuevamente en la gotica
que fuera prisionera en mi ventana.
Llega al mar, pequeñina, con tus sueños.
Yo quedo en el cristal con mis angustias,
la inquietud que me embarga, el desconsuelo,
el deseo de otro mar que no diviso
y que busco, como tú, con gran anhelo.
Llega al mar, pequeñina: yo iré luego . . .

11

PARALELAS.

Paralelas
son dos líneas que van juntas
de la mano, paralelas . . .
Son dos líneas que armonizan
sus pendientes y sus curvas,
que comparten una estela,
que se apoyan en sus rutas,
caminantes, paralelas . . .
Son estrellas con sus trazos
que no rompen
la tendencia al infinito
que las lleva,
y dibujan en el cielo
mil figuras similares,
familiares, paralelas . . .
Son dos líneas
que desean encontrarse:
juntas marchan,
juntas vuelan,
juntas lloran y sonríen,
juntas sueñan, paralelas . . .
Son dos sendas,
cuando rectas,
que se lanzan sin temor al infinito
intentándose besar,
y de tanto caminar
forman una sola recta
que prosigue más allá,
sin destinos y sin metas,
sólo unidas . . .

Paralelas
son dos líneas
que al andar
no se unen,
ni se alejan:
se acarician
suavemente
y en silencio
continúan . . .
Convergentes . . .
Paralelas . . .

MUJER IDEAL.

Yo sueño una mujer
que no materializo,
que se acerca y me evade
con un gesto indeciso,
de sonrisa con alma,
de mirar infinito.
Casi rozo su imagen
que mi mente presiente,
le da luz a mi vida,
su mirada me envuelve,
su calor comunica
y, con mágico mutis,
en mis sueños se pierde

Yo persigo una forma
que no encuentra mi estilo,
que aparece y se marcha
como un breve suspiro,
que retorna y me abraza,
me recuerda que vivo,
me acaricia y se escapa,
como amor fugitivo . . .

Yo busco una mujer
que es, acaso, un hechizo,
la adivino en sus formas,
reconozco la sombra
de su cuerpo exquisito,
su silueta de encanto,
su figura de ensueño,
la vislumbro en el fuego
que se anida en mi pecho,
la percibo en el aire
que respira mi ser.

La he besado, de cierto,
su dulzura he sentido,
su sonrisa ha llenado
mis espacios vacíos.
Su mirada divina
ha llegado profundo
a mi alma sin rumbo,
a mi vida sin fueros.
En mi oído ha expresado
el soñado murmullo
que se adentra en el alma
con la voz de un 'te quiero'.

Es vivaz y expresiva,
con saber, con razones.
Con listeza ella expone
sus criterios y metas,
con mesura se expresa,
en la entrega se impone;
y con besos y un guiño,
con su aliento y cariño,
mi tristeza termina,
mi alegría repone

No recuerdo su pelo,
ni el color de sus ojos,
son confusos los tonos
del color de su piel,
su estatura no apunto,
ni preciso su nombre.
Pero sé que es bonita,
que la sueñan los hombres,
que es cabal y sencilla
mi ideal de mujer . . .

IMPOSIBLES.

Quisiera hacer un poema sin palabras,
crear un arco iris sin colores,
hacer audible el sonido del silencio,
hacer eterno el soñar de los amores.
Quisiera describir, en pocos versos,
que la gente alrededor no es compañía,
que la noche estrellada es un sosiego
para quien vive en eterna lejanía.
La soledad no muere conversando,
ni en el bullir de amistades en tu mesa:
puede existir entre besos, suspirando,
clavarse al alma y jamás soltar su presa.
Quisiera hacer un mar sin horizonte,
un cielo azul que exhiba las estrellas,
una ventana a la verdad oculta,
a la razón de ser de las esencias:
a la vida, a la muerte, a la amargura,
al dolor y al placer. Y a la existencia . . .

ARCO IRIS.

Se termina una llovizna mañanera
mientras el sol se levanta a mis espaldas,
e ilumina solitaria carretera
que sin destino final corre mi alma.
La campiña resplandece humedecida
con un verdor acentuado por las aguas,
y por el cielo se extiende una sonrisa
multicolor, de armonía y de bonanza.
El arco iris simula una gran puerta
que deberé traspasar sobre mi marcha
pues sus bases, suavemente, se entremezclan
con los lados de mi ruta no planeada.
Acelero el automóvil, con mis sueños,
para cruzar los colores del encanto,
y conseguir con su magia mis ensueños,
con la ilusión de un tesoro inesperado.
Pero el arco, misterioso, retrocede,
esa puerta celestial se va alejando
y en las lágrimas del cielo permanece
incansable, los colores reflejando.
Tanto me apuro por alcanzar el arco
que lo expulso más allá de donde hay gotas:
se elimina ya el reflejo coloreado,
se termina la ilusión de un alma rota.
Sigue el camino, ahora sin la magia,
sin el arco de colores que reanima . . .
Pero añorando en la próxima mañana,
un nuevo sol con su luz. Y una llovizna . . .

2

Ensueños.

AMOR DE NIÑOS. (1962)

Días aquellos en que la vida
feliz se iba de nuestras manos.
Tiempos de ensueños los de esos días
que, por desgracia, son hoy extraños.

Amanecía, y la alegría
corriendo rauda nos ocupaba;
Las horas todas nos sonreían
y un simple encuentro nos deleitaba.

Así era todo: así era ella,
así la vida, así era yo.
Y no podía, como una estrella
en clara noche, faltar amor.

Amor callado, amor de ojos,
amor sencillo cual una flor,
amor de niños: que se hablan sólo
con la mirada y el corazón.

Mas otras fechas en pos vinieron
tras de la dicha, con gran dolor,
y como al alma del cuerpo muerto
nos separaron, sin un adiós.

Pasaron meses: valían años . . .
Nos separaba un pequeño mar;
y nuestras vistas, cual fuesen manos,
juntarse ansiaban, volverse a hablar.

Mas todo en vano: pasaba el tiempo
como un suspiro, como un ciclón.
Y hoy sólo quedan ansias, lamentos,
la siempre espera del corazón . . .

OLVIDO.

¿Dónde vas pajarillo, tan contento?
¿Dónde vas, que es tan grande tu alegría?
¿Acaso has descubierto en este día
algún bello y hermoso sentimiento?

Yo también descubrí el dulce tormento
que llevas con fervor e idolatría;
como tú sé cuan bella es la armonía
donde reina el amor todo momento.

Vuela y ve, pajarillo, ve tras ella,
persíguela en su vuelo y ve a su lado,
no vayas a perder tu hermosa estrella.

Como yo, no estés nunca adolorido,
que por quedarme atrás, enamorado,
quedé para mi estrella en el olvido.

Recuerdos.

Sopla la brisa, susurra el viento,
viene de lejos como un lamento.
Viejos recuerdos que se ha traído,
por que no mueran en el olvido,
quedos susúrrame al pensamiento
y a la memoria me son unidos.
Unos se guardan con alegría,
otros con cierta melancolía;
mas, ¿qué son todos?: son bellos sueños,
y en el mañana, dulces ensueños
que a los pesares de viejos días,
cual alegría, vuelven risueños.
Y sigue el viento . . . Las hojas lleva:
unas sepulta, otras eleva.
El viento quiere mostrar mi error:
hay un recuerdo que da dolor
y que el ensueño ya no conlleva,
aunque un ensueño fue aquel amor.
Y me atormenta la suave brisa
con su recuerdo, con su sonrisa,
sus negros ojos, su voz de Orfeo . . .
¿Qué son recuerdos? Ya sí lo veo:
son pajarillos que van de prisa
con el murmullo de su aleteo
hacia el arbusto del que han partido,
y es por seguirlos hasta sus nidos
que el trino oímos de su contento,
o el triste canto de sus lamentos.
Ya sé de ambos . . . Y del olvido . . .
Sopla la brisa, susurra el viento . . .

Fantasma de ensueño.

Hoy te he visto, te he mirado,
sentada frente a mí me has sonreído,
y hablarte pensé, mas he temido,
que otra voz, no la tuya contestara . . .
Tu sonrisa sí es, tus negros ojos,
tu lejana mirada, tu expresión . . .
Encubre mi ilusión lo que no es tuyo . . .
Y que llegue hasta ti como un murmullo
las palabras de amor que he pronunciado,
que aunque lejos estés con tus ensueños,
en mis sueños te he visto hoy a mi lado

Ocaso.

¡Qué grácil tu negro pelo
lucido en mi pecho hubiera,
contemplando las estrellas!
Mas lejos, como los astros,
te encuentras tú, linda estrella.
Un astro perdido y lejos
tal vez para ti yo sea . . .

Hoy miro el portal vacío
que próximo está . . . ¡Qué lejos . . . !
Cruzo la calle y no veo
sino recuerdos . . . Ausencias
y soledad no más veo.
Y tú, del portal, tan sólo,
tendrás vago algún recuerdo . . .

Vivo mi vida. Contemplo.
La vida regala amores
que sufren indiferencia . . .
Y tú vienes de lo lejos
a suavizar mis dolores.
Refúgiate en mi recuerdo
cuando llores tus amores . . .

ESTACIONES DEL AMOR.

El Invierno frío
su sendero corre
a través de montes,
de la mar, de ríos . . .
El Invierno, lento,
va por sus caminos;
tal vez con sus vientos
ululantes, fríos,
va su pensamiento
de un pasado amor
y recuerda antaño
cuando se marchaba
saludando al mundo
con un frío adiós,
cómo sintió un vuelco
su sereno estilo
cuando pura y bella
vio a la Primavera
que lo enamoró.
Y ahora va muy lento . . .
Es por confundirse
con la Primavera,
despedirse de ella
con un largo adiós . . .
Y con fuego interno,
tras la larga espera,
le dirá su amor . . .

Va la Primavera
sobre los caminos
que por un destino
ya el Invierno fuera.
Y camina lenta . . .
Es porque recuerda.
grácil, picaresca,
que al decir antaño
su cándido adiós,
descubrió un Verano
cálido y hermoso,
descubrió un Verano
que la enamoró.
Y camina lenta
para darle tiempo
y cuando lo vea
le dará su amor . . .

En silencio, Invierno
dio su triste adiós . . .

Pensando.

Si pienso en una estrella parpadeante
que brilla solitaria
detrás de las palmeras . . .
Si pienso en las húmedas arenas
que besan, murmurando,
la orilla de la mar . . .
Si pienso en la luna silenciosa
que regala, tan grácil,
su luz de anochecer . . .
Si pienso en el canto de los pinos,
más que canto, murmullo
de amores y de paz . . .
Si pienso en la beldad de algunas flores
que tiñen al crepúsculo
sus pétalos en sol . . .
Si pienso en las piedras más hermosas,
el brillo del diamante,
el rojo del rubí . . .
Si pienso que sueñan las alondras,
si pienso en algo bello . . .
Estoy pensando en ti . . .

TE QUIERO.

Imaginar sí puedo
lo que decir no logro:
me aturde tu mirada
que no puedo eludir.
Belleza imaginara,
mas no la de tu rostro,
y me hace silencioso
el tu aliento sentir.
Así, mientras contemplo,
divago en lejanía:
"Te quiero . . . Vivo en sueños
pensando solo en ti . . ."
Tú sigues pensativa
y yo sigo callado . . .
Más bien sigo pensando
Cómo decir: "Te quiero,
te amo desde siempre,
te adoro como al cielo . . ."
Tú sigues esperando.
Silencio . . .
"Te quiero . . ."

MAGIA NOCTURNA.

¿Qué tienen las noches claras
que me hacen soñar contigo?
¿Será su luna de plata
que tan plácida me alumbra,
o sus nítidas estrellas
que con luz tu nombre estampan
en la dulce inmensidad?
O más que la misma noche,
¿será el canto de los pinos
que hasta aquí suele llegar?
No lo sé . . . Viene la brisa
con perfume que las flores
con delirio, en claras noches,
se antojan en regalar.
Tal parece que haya magia,
que la noche tenga un hada
haciéndola lucir bella.
Mas, ¿cuál será su varilla?
Tal vez el mar . . . Tiene estrellas . . .
¿Es con ellas que me hechiza?
¿Es su espejo de cristal
que a la noche tiene presa
la varilla encantadora,
o es la espuma soñadora
que salpica en las orillas
la luna que el mar refleja?
Y la canción de las aguas,
¿qué será?, ¿será una queja
que entona la clara noche
en su mágica prisión,
o será acaso el encanto
que te trae hasta mis sueños
por el mar hechizador?

No lo sé . . . Tal vez la noche
me supiera contestar,
pero calla, no responde,
sigue cantando en el mar . . .
Tal vez tú, con tus encantos
eres la magia nocturna,
la magia de noches claras,
la que hace a la luna llena
salpicarse con las aguas . . .
¿Y haces tú noches de estrellas
pensando tan solo en mí,
o acaso las noches claras
las encuentro yo tan bellas
por estar pensando en ti?
¿O es realmente un dulce hechizo
que la noche nos regala
para podernos soñar?

La noche de dulce embrujo
sigue cantando en el mar . . .

Un beso.

Recuerdo muy confuso
un árbol majestuoso;
recuerdo el suave arrullo
del río cristalino
corriendo silencioso a nuestro lado;
recuerdo su murmullo . . .
El canto del follaje
mecido por la brisa
de la serena tarde;
recuerdo una sonrisa.
Y múltiples colores
jugando alegremente al arco iris . . .
Y primorosas flores
que ingenuas a tu lado sonreían
creyéndote otra flor.
Recuerdo las delicias
que el río reflejaba
mientras se despedía,
caluroso, el Sol;
y el sonido del bosque
que fingía una frágil canción . . .

Y, confuso, recuerdo
tu mirar lejano
y un callado beso
de profundo amor . . .

Virginia.

Vistiendo de luz mi fantasía
Imagen hice de una flor sin par:
Rojos eran sus pétalos divinos,
Grana pura, de luz crepuscular;
Idílico el candor y una fragancia
Nacida en ninfas de místico soñar.
¿Imposible encontrarla? ¿Es sólo un sueño?
Ama y quiere: mi flor es de verdad.

3

Ansiedades.

VACÍO. (1962)

Es vacío que flota en el vacío,
es la nada vagando por la nada,
es tristeza que vuela solitaria
a la hondísima cueva del olvido.

Es esa sensación de un algo frío,
o una inválida espera aletargada,
es morirse brahmán y nacer paria,
o saberse en la vida ya perdido.

Es penumbra, dolor y es amargura,
o es la noche insondable en su negrura
que oprime con su peso al corazón.

Es el hueco ocupado por las sombras,
es la duda tendida cual alfombras,
es . . . Callar al amor en su canción

PENSAR Y SOÑAR.

Y es que tanto he pensado y he soñado
en la mar de los vagos pensamientos
que he quedado en tal mar aprisionado
sin que puedan moverme ni mil vientos.

No quiero ir a la tierra de lo cierto,
no quiero a los sargazos del olvido.
Quiero estar en el líquido desierto
y soñar . . . Y pensar . . . Adormecido . . .

Refugio.

Yo sé de un sendero oscuro,
apartado, solitario,
que constituye el refugio
de un sentir que se ha matado.
Un pensamiento olvidado,
una angustia, un desconsuelo,
hallan dicha en el sendero,
hallan paz, felicidad.
Un sentimiento, si es bello,
se refugia en soledad . . .
Siempre una luz se divisa
en el oscuro camino:
es la fuente de esperanzas
que al sendero da un destino
y al sentimiento, ilusión,
y que augura al corazón
el vivir del sentimiento,
el vivir del pensamiento
que olvidado se guardó.
Es por eso que yo siento
tanta dicha al caminar
por esa senda escondida
que a una ilusión dormida
le trae felicidad:
sumiéndola en triste dicha
o haciéndola despertar.

PALACIO OSCURO.

Las estrellas están lejos. Lo sabía . . .
Sin embargo:
las miraba tan de cerca que pensé:
"Son mías . . ."
Y me adueñé del tesoro que encerraban,
del tesoro que me daban
con espontánea alegría.
Ahora veo que se alejan,
que se marchan con la aurora
hacia una noche perdida;
me dicen adiós con pena
y vuelven a su sombrío
palacio de mil brillantes
que no alumbran, aunque brillan . . .
Yo amanezco con el día
y esperaré hasta la noche
con esperanzas y ensueños
para verlas nuevamente . . .
¿Querrán ser entonces mías?

ETERNO HORIZONTE.

Mañana será lunes,
un día como otros . . .
Pero se verá oscuro
y no brillará el sol;
transcurrirá muy lento,
impregnado de frío,
sin tener el abrigo
de su tierno calor.
Después vendrá la noche
con su manto de estrellas
y se unirá a la noche
que habrá en mi corazón:
yo miraré hacia el cielo
para buscarla a ella,
sabiendo, con angustia,
que terminó este amor.
Así, mirando al cielo
recorrerán mis ojos
la noche de recuerdos
que hoy me regaló;
y encontrará mi vista,
con triste desconsuelo,
un horizonte negro
donde la mar y el cielo
se unen en su amor.
Retornaré callado
a mi eterno horizonte;
regresaré a mis sueños
donde hallaré su amor . . .
Y el recuerdo de un beso,
y el saberla contenta,
consolarán la pena
que me hace sufrir hoy.

HÁLITO.

Por los sueños ven la vida
los fantasmas;
nacen pálidos y tenues,
de la nada.
Y un fantasma tomó forma
aquella noche
cuando viendo las estrellas
yo soñaba,
sin saber que entre sombras
me movía
y que el sueño embriagador
que yo vivía
era un hálito escapado
de la nada.

Te forjé de la ilusión:
no existes;
sólo en sueños que inventé,
naciste.
Y entre sombras vagarás,
fantasma,
por mis sueños, que forman
tu existencia;
hasta que un vago despertar
te lleve
a los abismos de las sombras vagas,
donde llegar
no te será la muerte:
serás nada
volviéndote a la nada

Una a una.

Siento en mí una melodía de notas solitarias
que se siguen, una a una,
melancólicas,
acordes de tristeza y soledad
que suaves vibran,
exhalando débilmente sus suspiros,
sus íntimos sollozos.
Una suave melodía
que asemeja la caída sucesiva de hojas muertas,
rojinegras, moradas, amarillas,
de un otoño que no muere,
que renace en otro otoño.
Una bella melodía que no calla,
que libera sus notas, una a una,
para que vaguen, ligeras, por el cielo,
oscuro firmamento,
y apaguen, una a una, las estrellas.
Una vaga melodía
que se mece aletargada en sus acordes,
cual gotas cristalinas que se rompen
al chocar sobre el cristal de un lago,
para nacer nuevamente como ondas
y proseguir su canto, una a una,
como un susurro de magia circular.
Una incierta melodía
que se aleja,
que retorna,
que suspira,
que se ahoga,
que no calla . . .

MAR SERENA.

Una forma delicada, una figura,
que llena al alma su abismo sensitivo.
Una mirada,
una inmensa mirada,
que encierra el infinito en sus pupilas,
mirada viva, serena, juvenil.
Una sonrisa
que vuelca al mundo una inquietud oculta,
una esperanza, quizás,
un bello encanto.
Una faz
que fuera anhelo e ilusión
de color y de tersura
en las flores más hermosas de un jardín.
Una candor, como mágico
que emana de su ser, su cuerpo todo,
y envuelve la dulzura de sus líneas
en un halo de pureza,
translúcido cristal.
Una forma delicada, una figura,
con lo sereno-inquietante de la mar.

SIN PALABRAS.

Yo quisiera encontrar bellas palabras
que dibujasen plenamente una sonrisa,
que traslucieran el amor de una mirada,
que reflejaran totalmente la hermosura
de unos labios que con cariño hablaban.
Yo quisiera encontrar tiernas palabras
para expresar la dulzura de unos gestos,
la tibieza de unas manos enlazadas,
la caricia de un aliento que se ahoga
en un suspiro que deleitarme ansiaba.
Yo quisiera encontrar breves palabras
que mostrasen cabalmente la armonía,
la unidad de un amor y una nostalgia,
la fusión de una rosa con su espina
y el final de una ilusión que nunca acaba.
Y para reflejar la inmensa angustia
de no saber acoger esa sonrisa,
de no poder sostener esa mirada,
de no saber retener tan tiernas manos,
de ser causante de un amor y una nostalgia;
para expresar la inmensa pena en que me sumo
por matar esa ilusión que nunca acaba
y desgarrar la rosa con su espina,
reconozco que no existen las palabras.

FUGAS

¿Es quizás incertidumbre
este vacío en que me sumo?
-Es una playa . . .
Esta inquietud, ¿por qué existe?
¿Por qué espera?
¿Por qué llega sin razón a mi existencia?
-Es un nocturno . . .
Quizás sea una duda,
una figura sin forma que me oprime
y que me lleva sin saber a dónde.
-Es una estela . . .
Nuevamente me veo en el vacío,
flotando en la penumbra,
moviéndome en lo oscuro
hacia lo lejos
-Es un murmullo . . .
¿Qué me lleva a buscar este camino?
¿Es un reflejo?
¿Por qué mi mente se aparta de la vida
y sigue este sendero?
-Es la armonía . . .
¿Por qué esta desazón que no domino,
este algo que me empuja, que me lleva,
que me obliga a buscar un sentimiento,
un lugar en lo escondido . . . ?
¿Qué me mueve?
-Es un pinar . . .
¿Qué me obliga a divagar así en la nada
y me ahoga más y más?
¿Por qué lucho, sin cesar,
contra estas sombras,
contra esta oscuridad en que me encierro?
-Es una brisa . . .

Y busco escapar de esta opresión,
hallar una sonrisa entre lo oscuro,
obligar mi pensamiento a que no luche,
no resista,
que se deje llevar.
-Es una roca . . .
Que se deje envolver por esas sombras
y se entregue al soñar
en los escollos,
en las múcaras dentadas,
salpicadas por la espuma de la mar,
que se recrea golpeando de continuo
en el vacío,
en el abismo sin color del infinito
donde flotan, expectantes, mil estrellas.
-Es su brillar . . .
No más lucha,
ya llego aletargado
al perdido rincón que hace soñar.
-Es el lugar . . .

Y es una playa idealizada de la infancia
con un nocturno de mar y luna llena
que abre una estela de plata entre las aguas.
Hay un murmullo de espuma que retoza
con la armonía y el ritmo de las olas
y allá un pinar que llora en las arenas
mientras la brisa marina lo acaricia.
Hay una roca callada que contempla
el brillar imperturbable de una estrella,
mágico astro, encanto del lugar:
dulce refugio que ahoga sentimientos,
rincón del alma que guarda su soñar . . .

Frío en el alma.

Hace un frío penetrante
en el llano que se extiende
y se cubre con un manto
de friolento color blanco
y de encantos color nieve.
En el bosque que se pierde
serpenteando entra las lomas
de cal blanca, cal-escarcha,
cal de nieve, cal de hielo,
solo el frío se aventura
a vagar sin rumbo cierto,
descansar en el camino,
recostarse al árbol seco
y, con gélido suspiro,
admirar su triste aspecto.
Cielo blanco, cielo gris,
cielo negro . . . ¿Es esto cielo?
Cielo frío como el árbol,
árbol frío como el suelo,
suelo frío como el aire
que suspira sobre el hielo.

Una ventana es frontera
de ese mundo gris y blanco.
De aquel lado, el mundo frío
y de este otro, el que alegra,
el que distrae, retoza,
hace luchar con ahínco
y primaveras evoca
construyendo primaveras.

Pero también a este lado
otro frío al alma llega;
un frío que no es de nieves,
ni de escarchas, o gris cielo,
un frío que no da el bosque
ni el aire de pleno invierno.

Un frío de lejanías
y de sentidas ausencias:
de sonrisas, de miradas,
de las caricias de un alma,
de las ternuras de un cuerpo,
del verde de nuestras palmas,
del azul limpio del cielo.

Un frío blanco en el campo
que termina en primavera,
y otro clavado en el pecho
que solo muere al reencuentro
de un beso y unas palmeras.

Consagrada.

Adormecida,
cansada,
agonizando de sus largas vigilias,
llega a casa,
cual espectro intocable y quejumbroso,
o impalpable amasijo de dolores,
añorante de una cama,
no de amores,
sí de calma relajante y sosegada
que repare,
del trabajo,
sus heridas.

Al llegar el nuevo día
ya habrá fuerzas
para correr, agitarse,
andar la vida,
con un único objetivo allá en el alma:
no de amores;
tan sólo trabajar
cual consagrada
monja de ciencias
que abate los dolores
de las gentes,
los enfermos,
los pequeños,
de todos los que quepan en su manto
que pierde,
poco a poco,
sus colores,
su encanto de ternura con los hijos,
su calor y su paz para el marido,
su rasgo familiar,
su ser cercano . . .

Un solo afán
su cuerpo manifiesta:
no de amores,
sino de dar un poco más
en el trabajo,
unas horas más en la centrífuga,
o en el proceso biológico empezado.

Y los demás,
que viven a su lado,
deben saber que,
en aras de la ciencia,
los amores
se matan a conciencia
y los hijos
pueden ser sacrificados . . .

MEDITACIÓN.

Imágenes que vienen y van,
entre las brumas de un mar de pensamientos.
Recuerdos que se amontonan en desorden
cual mosaico de colores incongruentes.
Caricias que hacen resaltar
la absurda soledad en que he vivido.
Después de tanto luchar,
¿por qué he luchado?
¿Valía la pena tanto sacrificio?
Lo que he logrado, ¿sin mí no hubiera sido?
Lo que he perdido, ¿por quién será llorado?
¿Cuántos tropiezos quedarán en el camino?
¿Cuántas vueltas a empezar, sin vista del final,
tendrá este laberinto?
A veces me pregunto
si valdrá la pena seguirlo caminando,
rebotando a oscuras contra todas sus paredes,
aguardando, simplemente,
por el paso final que nos libera,
por el paso al vacío,
sin fondo,
sin tropiezos,
por el fin . . .

VEINTE AÑOS.

Pensamientos que no cesan de agitarse,
que resuenan día y noche en el cerebro,
que remueven muchos años de recuerdos,
de infinitas sensaciones, desconsuelos,
de un camión, una boda . . .
      Y un percance . . .

Alegrías por momentos, muy fugaces,
ilusiones que se quedan en los sueños,
realidades y presiones aplastantes,
un barbudo, una locura, un arrogante,
un huracán . . .
      Y la extinción de un pueblo . . .

Un vivir por vivir, por no estar muerto,
un nacer a la vida ya muy tarde,
un rosario de amarguras y desvelos,
las ataduras de un monje en monasterio,
una sonrisa . . .
      Y un baile de disfraces . . .

ANSIEDAD.

Música de los sesentas, el mar de fondo y un islote . . .
Lejos de mis hijos, lejos de mi tierra, lejos de mi vida.
Lejos de una vida que era un poema sin mensaje,
que era un sueño nebuloso, un laberinto . . .
Mirar hacia atrás y descubrir pantanos,
tierras cenagosas, asfixiantes;
cuestionarse qué es la vida, por qué existo,
qué sentido tiene todo . . .
¿Se puede reempezar desligado del pasado?
El deseo de abrazar a mis hijos que no encuentro;
me acompañan y están lejos;
conversamos en el carro y están lejos.
No ven lo que yo: las montañas y ciudades
que se cruzan en mi vía,
las desdichas, las miserias, infortunios y tristezas.
No verán, por fortuna, y no ven
el vacío que yo veo
al mirar hacia atrás los caminos recorridos,
los senderos en penumbras, escalones, pasadizos,
con la sola compañía de una sombra,
una sonrisa incompleta, un beso a medias,
una voz lejana y preocupada,
una almohada inmaterial,
un Don Quijote . . .
Música de los sesentas, el mar de fondo y un islote . . .

Un día y otro.

Un día y otro,
soñando con la paz que nunca llega,
que se asoma por instantes,
que no queda,
que se va . . .
Una sonrisa de mujer
que se evapora,
que reaparece en burbujas delicadas,
transparentes,
que se esfuman al tocar la realidad,
las asperezas punzante de la vida
un día y otro.
Un caminar adelante
con el tiempo,
de manera inexorable,
irreversible,
pues no existe un marcha atrás
en lo imposible:
tan sólo continuar hasta la muerte,
hasta el final del camino no trazado,
sin puertas,
sin señales ni destino,
un día y otro.
Un proseguir
que repite con variantes las vivencias,
que recomienza en cada paso
asido a la creencia
de que será distinto,
que hará otro caminar,
hará otro rumbo,
que hará una ruta mejor,
con optimismo,

con la armonía interior que deseamos
un día y otro.
Pero al cabo:
reedita sinsabores,
repite amarguras conocidas,
rehace similares emociones,
mezcla las mismas alegrías y dolores:
            es comenzar otra vuelta en esa pista
            que tenemos que correr
            sin ser campeones,
            un día y otro . . .

APAGÓN.

Noche oscura fría y húmeda,
sin la luna, sin estrellas.
Negras nubes que navegan
sin sentido, en las tinieblas,
van y vienen, desesperan,
traen sin prisa las ausencias
de sonrisas que en el alma
con el tiempo se aglomeran.
Edificios, sus siluetas,
sin sus luces, sin sus ruidos,
sin canciones, con sus penas,
con las aguas en paredes,
en ventanas, en las hierbas,
remojadas por la lluvia
que en la tarde nos trajera
la humedad, su fría esencia,
el concierto agradecido
de las ranas, muy contentas,
de los grillos, sabandijas,
los insectos, en sus fiestas
de agua limpia, noche fresca,
de hojas grises, flores negras.
Noche oscura, noche lenta,
noche a solas, noche incierta,
sin clamores, ni bullicios,
sin encuentros, sin tibieza,
en silencio sin suplicios,
con suplicio de silencios,
sin caricias, con tristezas,
sin llenuras, ni vacíos,
con la angustia por la espera
de una luz en el camino,
de una luz en las tinieblas,
de la vuelta de la luna
con sus mágicas estrellas,
de la paz con que iluminan,
de los sueños que despiertan . . .

Días lluviosos.

Hoy el día
comenzó tan oscuro
como el cielo de la noche que termina;
la humedad y la lluvia
mojan árboles y calles,
ennegrecen el ambiente,
desdibujan el perfil de las montañas
que a lo lejos se adivinan.
La llovizna,
incesante y pertinaz,
continúa desde días
con sus brumas,
esas nubes tan rasantes
que equivocan los cielos con el suelo,
lo alto con lo bajo,
lo oscuro con lo bello . . .
De camino al trabajo
atravieso un velo húmedo que flota,
que penetra en el aire
con un tenue gris incierto en la mañana.
Comienza otra jornada
con las luces de los carros
reflejadas en el negro pavimento,
como un río de chispazos de colores
que se fugan y aparecen
al compás ondulante
y serpenteante del camino
que conduce a las montañas . . .
Otra vuelta de la Tierra,
otro oscuro amanecer en esta Historia
que sin rumbo entre tinieblas construimos . . .

YO CREÍA.

Yo creía
que a mi vida la impulsaba la esperanza;
yo soñaba
que ya estaba precisado mi destino.
Mi camino
vislumbraba sin más cambio en lontananza,
mantenido
por la inercia de los días sin conflictos,
sin rencores,
ni enemigos en acecho a mi bonanza,
sin amores
que endulzaran amarguras en mis noches,
ni reproches
que amargaran el quehacer de cada día.
Emociones
que se esfuman como un sueño que no ha sido,
ilusiones
que jamás han existido ciertamente,
lotería
de una mente desquiciada que desquicia,
de una loca
que se ensaña destruyendo mi armonía,
mi ensenada,
el remanso del final en mi jornada,
de mi vida,
la paz que ansía la mente fatigada.
Yo creía . . .

CANSANCIO DE VIDA.

El tiempo pasa
sin voz y sordo,
sin detenerse
sin acomodos . . .

Pasa un minuto,
le sigue otro,
pasan recuerdos
que apenas noto,
lejos y oscuros,
callados, rotos . . .

Pasan los días,
pasan los rostros,
pasa la vida
que no recorro
con alegría,
ni con enojo . . .

Mantengo el rumbo
sin mucho aplomo,
con más cansancio,
sin los que añoro,
sin esperanzas,
lejos de todos . . .

Persiste el tedio,
muere el arrojo,
sigo un combate
que no soporto,
vivo una lucha
que ya no escojo
y que mantengo
sobre los hombros
hasta que el tiempo
cierre mis ojos,
me dé su abrazo,
mate el cansancio,
me acabe solo . . .

PARTIRÉ.

Partiré
cuando apenas falten unos pasos
para alcanzar aquello deseado.
Esa meta . . .

Pensaré
que no pude quejarme de la vida,
tan llena de sorpresas imprevistas.
Pasajeras . . .

Miraré
aquello que he logrado entre empujones,
ahogado de tristeza y desazones.
Con estrella . . .

Sentiré
no completar los planes que anhelaba,
dejar algunas cosas no acabadas.
Casi hechas . . .

Lloraré
carecer de la tierna compañía
que no supe encontrar sobre mi vía.
Tan estrecha . . .

Marcharé
con pesar por lo mucho que no hice,
por sueños e ilusiones que deshice.
Por quererla . . .

Besaré
mentalmente los frutos de mi vida,
deseando no sufran mi partida.
Ni mi ausencia . . .

Volveré
a las aguas del mar de donde vine,
sin buscar otra meta inaccesible.
Sin tristezas . . .

Diluiré
mis amargas y gratas experiencias
en la nada, carente de conciencia.
Sin esperas . . .

Silencio y soledad.

Silencio . . .
Soledad . . .
No sopla el viento
en esta mañana humedecida
por lloviznas y rocíos trempraneros.
Falta de rostros, de miradas . . .
Oscurecida la cascada luminosa
del cielo tropical en el que vivo
por una bruma diluida en el ambiente,
por un suspiro latente, por olvidos,
por un amargo sabor de lejanías . . .
Pasan los días, sin cambios ni sorpresas,
sin alegrías, ni penas dolorosas,
con el perenne dolor de la desdicha,
con la esperanza final de una sonrisa
que aparece, que se va, que es solo un sueño.
Un tiempo detenido, que no pasa,
un espacio que no encaja en el contorno,
el retorno de un recuerdo adormecido,
devenir de sensaciones sin sentido,
sin música, sin voz, sin armonías,
sin ocio, ni cansancio,
sin paz, ni contratiempos . . .
Llenando con silencio
soledad . . .

CAMINANDO.

Estoy caminando
con mucho cansancio.
Ideas confusas,
recuerdos de ausentes
me van dominando.
Olvido mi rastro,
me muevo muy lento,
me pierdo entre letras
de un libro, en silencio,
sintiéndome a ratos
sin rumbo, ni aciertos.
Se afloja la mente
con tantas presiones,
con tantas premuras,
con tantos recuerdos,
sin tregua en la vida,
con viejas heridas,
con nuevas dolencias,
sin paz en el cuerpo . . .
Se acaba el camino
con curvas y vueltas,
se oculta el destino
estando tan cerca,
se enredan los pasos
llegando a la meta.
La vida termina,
termina la senda . . .

4

Añoranzas.

IMÁGENES. (1962)

La trata de recordar
y ve lejos su figura,
la ve reír, caminar,
detrás de una manta oscura.
Pero él quiere ver detalles:
y ve su pelo trigueño,
y ve su divino talle.
Se esfuerza más, y en su empeño
por verla, por contemplarla,
le cae un telón de brumas
que ya no deja alcanzarla,
y se le va, se le esfuma . . .
Y lamenta adolorida
el no poderla seguir,
mas un sueño, es bien sabido,
no se puede revivir.

Sueño inconcluso.

A menudo me encuentro
revisando recuerdos,
añorando momentos
que pasaron fugaces.
Con frecuencia me sumo
en las brumas de un sueño
donde son realidades
esperanzas y anhelos
que en deseos quedaron
sin hacerse verdades.
Muchas veces, inquieto,
me remonto al pasado,
a un instante, a un minuto,
al momento preciso
de un gran vuelco en la vida,
y de pronto despierto
y en silencio descubro
el inmenso vacío
que produce la espina
de ese sueño inconcluso,
de ese extraño momento
que quedó en fantasía,
en un bello recuerdo,
en un mágico encanto,
en la imagen perenne
de una ahogada sonrisa . . .

Otro día más sin verte.

Pongo el radio
buscando compañía en mi camino.
Vuela el carro,
subiendo las montañas donde vivo
mientras mi mente flota lejos en el tiempo,
en otro espacio universal,
otro momento,
en otra dimensión de mi existencia.
No reparo en el paisaje movedizo,
ni en árboles,
ni en puentes,
ni en el valle en que reposa mi esperanza.
Sé que voy por mi vía,
sin presiones,
sin apuros por llegar ya no sé a dónde,
sino seguir,
continuar más adelante,
descubrir si habrá algo nuevo en esta ruta,
o si persiste una autopista sin colores.
De pronto, de la radio,
vienen las notas de una canción lejana,
distante en mi memoria resentida,
cercana de mi alma,
siempre presente al recordar la curva,
la vuelta en mi camino,
que pudo convencerme de que hay dicha.
Vuela mi mente
transportada por la queja melancólica
de un amante que suspira,
que perece,
que se escucha quejumbroso
porque "pasa otro día más sin verte"

y ya no puede más . . .
Sigue el camino,
subiendo entre montañas,
trepando más y más hacia las cumbres,
besándose con nubes en lo alto,
perdiéndose en las brumas y el silencio.
Sigo adelante,
temiendo,
que el camino no ascenderá ya tanto,
ni subirá tan lejos,
como hasta aquella curva inesperada
en la que pude recorrer el cielo . . .

CERCA Y LEJOS.

Tan inmensamente cerca que estuvimos . . .
¡Y qué lejos . . . !
Respirando de tu aliento y tu sonrisa,
en un paseo,
en un baile tal vez,
o en una misa . . .
Emocionado incluso de tu sombra,
percibiendo
la tibieza y la ternura que en ti había.
Congelado en mi sentir
y en mis deseos,
conociendo
que al pasar algunos meses
marcharías . . .
Y ahora ves
como al cabo de los tiempos
la hermosura de un sentir no languidece:
reaparece con cariño reforzado
con más admiración
con más deleite,
con las alas sostenidas
e impulsadas
por un viento que sopla del Oriente,
lleno de encanto y magia singular . . .
Y otra vez lo acompaña
el desacierto,
el desacople tenaz
y el desconsuelo
que viven los amores atrapados:
tan inmensamente cerca que ahora estamos . . .
¡Y qué lejos . . . !

POEMA MUSICAL.

Quisiera hacer de un poema melodía,
de unos versos sacar notas musicales,
armonías sin palabras
que le dieran ritmo y forma a una poesía,
rima de notas sin sílabas, ni letras;
sinfonía de exquisitas sensaciones,
suave concierto de plácido soñar.
Canción de cuerdas,
de vientos y tambores,
de pasiones que florecen en el alma,
canción de ensueños e imágenes vividas.
Confusiones de tonos disonantes
que se esfuman al calor de una sonrisa,
de una caricia entre cuerpos enlazados,
música viva de gestos y gemidos,
sin palabras, sin letras—en poesía-,
con murmullo de bocas que no hablan,
con susurro de labios que se encuentran
y comparten una nota musical,
calladamente . . .
Poesía sin palabras,
arrullo de armonías,
sonrisas que deleitan,
danzas que baila el alma,
sublime sonoridad . . .
Pentagrama de ilusiones
que no admite soledad . . .

Variaciones a partir de una estrofa de un poema
que escribí hace cuarenta años:

Mas todo en vano: pasaba el tiempo
como un suspiro, como un ciclón.
Y hoy sólo quedan ansias, lamentos,
la siempre espera del corazón.

76

LAMENTOS.

El tiempo pasa
como un suspiro,
pasa la vida
como un ciclón,
como un soplido
que no retorna,
como las aguas
que lleva el río,
como latidos
del corazón.
Las penas mueren
sin olvidarse,
la dicha pasa,
pasa el dolor,
se apaga el cielo
sin su sonrisa,
el llanto seca
la suave brisa,
se calla el canto
por un amor,
muere el encanto
de las estrellas,
el tiempo pasa
marcando huellas,
sin dar la mano,
sin dar perdón.

Lo que se rompe
fragmentos deja,
ya sin un cuerpo,
ya sin unión,
pero entre sueños
se ve y recuerda:
hecho pedazos,
pero en un muro,
dulce y amargo,
con luz y oscuro,
con mil bellezas,
como un mendrugo,
con mucho encanto,
pero sin sol.
Y sólo queda
la imagen vaga,
quedan lamentos,
queda ilusión,
quedan las ansias
de lo que fuera
tan limpio y puro,
de las vivencias
de amor tan tierno,
de un fuego vivo
que no se extingue,
la siempre espera
del corazón.

RECUERDOS.

Al pensar en ti
no sé si te extraño,
o extraño tu recuerdo.
Si extraño los momentos
que debimos vivir
y no vivimos,
o si extraño tu ser real,
tu ser presente,
que no conocí,
pero imagino.
Lo que pudo ser
y no ocurrió,
ya nunca será como soñamos,
ya nunca ocurrirá
como quisimos.
Trata mi mente
de llenar los años de tu ausencia,
del vacío de ti,
de tu mirada,
sin saber de tus angustias
y alegrías,
sin conocer de ti,
ni de tus ansias.
Te veo en "Dominguín",
trabajadora;
en la Escuela,
callada y soñadora;
en la iglesia,
en el grupo,
alguna fiesta,
de mi mano hasta tu casa
en una noche,

o en una cancha de squash
previo a mi "choque".
En un disloque posterior
frente a Coppelia
conversando
que marchabas de la Escuela,
y en un "flash back" final
frente a una puerta
de algún salón lejano
en la CUJAE.
Después vacío . . .
La vida es torbellino
que nos lleva y nos trae
sin destino,
que nos tira y empuja con sorpresas.
Nos creemos
que seguimos nuestras metas,
pero abundan
circunstancias imprevistas
que hacen "jaque"
y obligan la jugada,
donde se afectan,
sin saberlo,
muchas piezas.
Y pasa el tiempo . . .
Y al cabo de los años
reapareces y agitas emociones
en un momento confuso,
inesperado.
Vuelvo a verme,
como en otras ocasiones,
preguntando
al destino desalmado
por qué accidente interior
aquella noche
no fui capaz de retener tu mano . . .

DIEZ AÑOS.

Casi diez años,
y no logro arrancarte de mi vida.
Mujer de referencia necesaria
para medir dulzura,
para medir bondades.
Humildad con que escondes tu grandeza,
sencillez con que llevas tu figura,
cuidadosa en tu trato sin heridas,
con amable sonrisa, con llaneza.
Y es que no aprendo a olvidarte
con el tiempo,
ni me olvido de amarte
aún sin sentido.
Lamento si los dos hemos sufrido
por la falta de contacto en su momento,
pero olvido los detalles sin sustento
de dolores no buscados, no queridos.
Y es que añoro tu presencia de hace años
sentados en la playa, con los niños:
una imagen de paz y de cariño
con que quisiera relajar mi alma
al exhalar su último suspiro . . .

5

Familia.

Día de las Madres. (1960)

Detente mes de mayo en este día,
perdure para siempre aquí en mi alma
el recuerdo de madre tan querida
que tanto me amó y que tanto me ama.

Tu alborada esperé por mucho tiempo,
tu noche esperar nunca querré:
sea este día, de todos, el más lento
para decirle que siempre la amaré.

Dos puntos de luz.

Caminando hasta la escuela
conversábamos,
hablábamos del mundo y de sus cosas,
lo mismo de una flor
y de sus pétalos,
que del átomo,
del Sol,
o las galaxias,
de las rimas asonante y consonante,
de los números enteros,
las fracciones,
cantidades positivas, negativas,
de los tipos de sustancias y elementos,
o las partes de que consta la oración.
Jugábamos, por cuadras,
a encontrarle la rima a las palabras,
a buscarles su raíz,
o a encontrar sus familias derivadas.
Se hablaba de la fuerza de los mares,
de los vientos,
de los tipos de animales
que se fueron extendiendo por el mundo,
de la vida y de los hombres,
de la dicha que produce ser honrado
y tenderle la mano a aquel que sufre.
Por la calle que da al mar,
corríamos,
o él y ella
montaban bicicleta;
en algún lugar nos deteníamos
y contemplábamos el Sol,
sobre las aguas,
zambullirse, poco a poco, lentamente,

en la línea universal del horizonte.
Siempre había un "por qué"
que los hiciera dirigir una pregunta,
que los moviera a buscar
alguna causa,
o alguna consecuencia,
que los hiciera indagar sobre la vida,
sobre el bien,
sobre el mal y las bajezas,
la diferencia entre los hombres
que es injusta,
el sacrificio que ser buenos
nos requiera . . .
Tiempos felices,
viendo crecer el fruto de la vida,
dándole apoyo y sostén a la simiente,
cantándoles,
de chicos,
en sus cunas;
organizando, más tarde, sus tareas;
compartiendo sus penas,
sus amores,
su alegría de vivir y sus disgustos;
disfrutando con ellos de sus triunfos
y aceptando sus razones
cuando jóvenes . . .

Son dos puntos de luz
en mis recuerdos,
dos puntos
de nostálgicas caricias,
dos besos, por la noche,
que me faltan;
un dolor por no sentirles su sonrisa
y saberlos
tan cerca de mi alma
y tan lejos de mis ansias . . . .

Porque tú me quisiste.

En la tarde, tranquilo, me mecía,
y, escuchando canciones, divagaba.
Una canción, a medias entendida,
te trajo entre sus notas, en secreto,
te cantó sin saber que fuiste mía,
te pintó, sin querer, con tanto acierto,
que al final irrumpiste en mi memoria
como un gran torbellino de recuerdos.
La canción transcurrió sin mencionarte,
pero habló de tu actuar para conmigo,
de los buenos recuerdos que dejaste,
y sentirme, a la postre, agradecido . . .
Porque tú me quisiste: me ayudaste,
unas cuantas verdades me enseñaste,
hiciste realidades mis ensueños,
errores en mi vida corregiste,
al caer me aguantaste y sostuviste
y llenaste de amor mi desconsuelo.
Fuiste mi cuerda cuando colgué en vilo,
fuiste mi voz cuando quedé sin habla,
fuiste mis ojos al cruzar caminos
y mi sostén cuando flaqueaba el alma.
Viste en mí lo mejor en mi tristeza,
al faltarme la fe tú me la dabas,
si alcancé lo que tengo te lo debo
pues lo obtuve inspirado en que me amabas.
Me quisiste tan libre como el viento,
a mis sueños de vida diste alas,
mis deslices de amores conociste,
en silencio de amor te consumiste
y el perdón reflejaste en la mirada . . .
Tuve tu amor, con él lo tuve todo,
tuve tu amor que falleció en la nada . . .
Que floreció por siempre en nuestros hijos,
donde su huella vivirá estampada . . .

MIS HIJOS.

Cuando a veces me siento
lejano de existencia,
sin más ansias de vida,
sin el vuelo del viento,
con sentido de ausencia
y el dolor de una herida,
pienso en viejos momentos,
en mi hijo y mi hija,
y una luz se me hace
en el largo sendero,
el empuje renace
por seguir el camino,
surge fe en un destino
que permita el reencuentro
de sus rostros confiados
con mirada al futuro,
y sentir ese beso
apresado en sus pechos
para "el viejo, o "el puro".

CIUDAMAR.

Un flamboyán con su sombra,
una vista que da al mar,
la ensenada poco honda
donde se incrustan las lomas
y se recuesta una barca
que murió allí al encallar.
Una fuente para alondras,
la mata de anón, sus frutos,
los cangrejos, los arbustos,
la cisterna, la arboleda,
el jardín con su manguera,
el ventanal de cristales,
los bambúes y la cerca,
la glorieta, las canales
recogedoras del agua
en los aleros del techo
para limpiar y tomar.
La figura de mi abuelo
siempre vestido de blanco,
con claros ojos, mirando
como más allá del cielo,
regalándome un consejo,
comunicándome paz.
Grata imagen de recuerdos
de mi infancia en Ciudamar.

CONSUELO.
(A mi madre, en su ochenta y ocho cumpleaños.)

Consuelo de tus hijos,
Obsequio de los dioses:
Naciones tú recorres
Sabiéndote añorada . . .
Ungüento en las heridas,
Eclipse de dolores,
Laúd de la esperanza,
Oasis de mi vida . . .

6

Reflexiones.

LA VIDA. (1961)

La vida que imagina el pensamiento
es siempre de lo real un desatino:
no llega a averiguar nuestro destino
el más grande mortal conocimiento.

Si el corazón posee un sentimiento
tan hondo como alto es el Andino,
no puede arrebatarlo el hierro fino,
ni llevarlo el demonio como al viento.

Son los cielos verdades escondidas
hacia donde se alzan nuestras vidas
en busca del saber y la razón.

Es la vida un camino no sabido
en busca de un saber aún no aprendido
que ilumina el sentir del corazón.

CRECIENDO.

¿Por qué aprendiste, hombre,
a dominar el fuego?
¿Pensaste en las tragedias
de tu descubrimiento?
Querías calentar
tu rincón, tu sustento,
acercar a tu alma
un pedazo del cielo,
un fragmento del Sol
con su enorme misterio . . .
No pensaste, buen hombre,
en torturas, ni incendios,
ni en quemar a mansalva
libertades y cuerpos . . .
No previste el peligro
del dominio del fuego . . .

¿Por qué aprendiste, hombre,
a hacer arcos y flechas,
a afilar pedernales,
a cazar grandes bestias?
Querías alimentos
para los de tu cueva,
recortar los pedazos,
preparar pieles secas,
protegerte en invierno
de los vientos que hielan . . .
No pensaste, buen hombre,
ni en soldados, ni en guerras,
ni arrancar corazones,
ni matar sin reservas . . .
No previste el peligro
de los arcos y flechas . . .

¿Por qué aprendiste, hombre,
a creer en los dioses,
a buscar sus señales,
a inquirir por sus voces?
Querías entender
la vida con sus goces,
sus penas, sus desdichas,
la muerte, los dolores,
la fuerza de los ricos,
los males de los pobres . . . .
No pensaste, buen hombre,
ni en martirios, ni horrores,
ni en quemar seres vivos,
ni en matar pensadores . . . .
No previste el peligro
de creer en los dioses . . .

¿Por qué aprendiste, hombre,
a escribir en las piedras,
a pintar en papiros,
a crear en la imprenta?
Querías transmitir
al mundo tu experiencia,
conservar tus memorias,
expresar tus vivencias,
exponer sentimientos,
preservar tus creencias . . .
No pensaste, buen hombre,
confundir las conciencias,
proteger despotismos,
perseguir con las letras . . .
No previste el peligro
de escribir en las piedras . . .

¿Por qué aprendiste, hombre,
a hacer filosofías,
a crear oratorias,
a armar ideologías?
Querías comprender
del mundo su armonía,
la esencia de las cosas,
la moral y la vida,
la injusticia del mundo,
la justicia divina . . .
No pensaste, buen hombre,
en guerras fratricidas,
ni en líderes sociales
matando con carisma . . .
No previste el peligro
de las filosofías . . .

¿Por qué aprendiste, hombre,
a investigar el mundo,
descubrir sus riquezas,
razonar lo profundo?
Querías dominar
sus inmensos recursos,
acercarte a los dioses,
comprender sus impulsos,
entregar a las gentes
el saber y sus frutos . . .
No pensaste, buen hombre,
ni en las bombas, ni en lutos,
ni en infames batallas
de políticos turbios . . .
No previste el peligro
de investigar el mundo . . .

¿Por qué aprendiste, hombre,
a expresar lo que sientes,
a crear sin fronteras,
a cambiar lo existente?
Querías motivar
en otros a que intenten
pensar y meditar
en algo que, tú entiendes,
nos afecta y limita,
o nos colma y sostiene . . .
No pensaste, buen hombre,
en coacciones dementes,
ni en cortarle la lengua
a los hombres que piensen . . .
No previste el peligro
de expresar lo que sientes . . .

¿Por qué aprendiste, hombre,
a seguir adelante,
a aguantar los dolores,
continuar, caminante?
Querías demostrarte
que a pesar de los males
tienes fe en un futuro
que será tolerable
y alcanzarlo requiere
que sigamos constantes . . .
No pensaste, buen hombre,
¡como nunca pensaste!,
las tristezas y dichas
que nos da ser andantes . . .
Pero nunca, buen hombre,
dejes de ir adelante . . .

CIENCIAS, ARTES Y LETRAS.

Érase una vez un humanista
que habitaba una burbuja de cristal
donde el mundo real que percibía
era un remanso de paz para soñar.
Artes, letras, música, poesía,
pinturas y esculturas por doquier
para expandir su alma creativa
y realizar las ansias de su ser.
Oía música en equipos electrónicos,
en instrumentos de alta calidad,
duraderos con tratamientos químicos,
reproductores de gran fidelidad.
Protegía las paredes de su casa
con pintura de alta tecnología
y su carro lo llevaba a cualquier parte
mientras, confiado, en el panel del frente
controlaba luz, aceite y gasolina.
La corriente eléctrica en su casa
daba luz para leer, y protegía
vegetales y carnes que compraba,
y refrescos que la industria producía.
Los dolores de muelas se quitaba
con la ayuda que prestaban los dentistas;
rayos X y aspirinas empleaba,
y con líquidos de algunas farmacéuticas
controlaba sus pulmones, sus heridas.
Cuántos miles de personas se agitaban,
se esforzaban por ayudar su vida:
campesinos que en el campo cultivaban
los alimentos y las carnes que comía,
esperando el milagro tecnológico
que suavizara la aspereza del trabajo,

que aliviase la jornada cada día
para, quizás, leer después un rato,
o escuchar alguna música tardía.
Cuántos hombres recogiendo la basura,
construyendo carreteras, puentes, vías,
expandiendo poco a poco sus burbujas,
trabajando en una radio, o un camión.

Cuántos miles de personas se desviven
transportando la comida, los enseres,
medicinas, ropas, muebles, agua, libros,
los papeles para el poeta, el humanista,
instrumentos musicales para orquestas,
los colores del pintor y del artista.
Cuántos hombres y mujeres en aviones
orientados por radar hasta sus hijos;
cuántas gentes que desean acercarse,
escucharse, cuando menos, por teléfono,
o mensajes, por e-mail, intercambiarse,
visitar por Internet el amplio mundo
y recorrer las bellas artes por TV.
Cuántos miles y millones de personas
angustiadas por sus precarias vidas,
esperando un alivio a sus miserias,
soñando con la magia y el encanto
que en la vida se logran con las Ciencias.
El mundo es un enjambre de burbujas:
no es sólo la burbuja de las artes,
ni es sólo la burbuja de las ciencias,
ni tampoco la burbuja de las letras.
Es, primero, la burbuja de las gentes,
de los que viven la presión de sus trabajos,

la agonía de buscar el alimento,
el sostén, la educación para sus crías,
el vivir y coexistir con semejantes.
¿Y qué es lo real en este maremagno?

¿Qué requieren el espíritu y el cuerpo?
Al espíritu relájelo en las artes,
recréelo y ensánchelo en las letras,
entréguele el mundo con las ciencias.
Y al cuerpo que ese espíritu penetra,
con la ciencia alíviele sus males,
suavice sus penurias materiales,
repóselo en las manos de la técnica.
Después, con esos males aliviados,
pueda el cuerpo llegar hasta las artes
y entrar en la burbuja de las letras . . .

COSMOS.

La Tierra no se apura en sus designios:
le sobra tiempo para alcanzar su empeño.
Vive con calma períodos glaciales,
desplaza poco a poco continentes,
cincela estalactitas en las cuevas,
languidece con choques estridentes
de meteoritos peores que las guerras,
esculpe islas de lavas en los mares,
hace montañas comprimiendo valles,
brama en volcanes que ocultan el cielo,
tiembla en los suelos con furor horrendo,
crea cañadas al vaciar sus lagos
incontenibles en eras de deshielos.
Millones de años consume en cada paso,
cientos de miles para marcar sus huellas,
con un andar geológico impasible,
que no se altera, que sigue indetenible,
ignorante de los últimos milenios
en que surgiera en su seno el ser humano,
el ser civilizado haciendo historia,
que intenta de un zarpazo hacerse el dueño
de esta gigante esfera rotatoria.
Mas la Tierra no se inmuta por el hombre
y continúa sus pasos, su destino,
sus erupciones volcánicas, sus fríos,
sus tormentas de hielo, sus ciclones,
sus temblores, sus tsunamis y glaciares,
su recepción de errantes meteoritos,
su movimiento de inmensos continentes,
su discurrir en el tiempo, sus designios . . .

No advertirá el fenómeno viviente,
su rápido pasar, sus sentimientos,
sus luchas, su pensar y sus esfuerzos,
sus múltiples matanzas sin sentido,
su eterno desconfiar, sus odios ciegos.
Para el cosmos infinito, en su camino,
toda la raza humana es una gota
del encrespado océano del tiempo,
escapada en apenas un suspiro.

Sonrisa del Tiempo.

Ir hacia atrás
en el tiempo
me deslumbra,
hace sentir minúscula
mi vida,
toda la historia del hombre
un breve instante.

De cincuenta a cien años
es que andamos;
desde mil a pocos miles
es la Historia.
De diez mil a treinta mil
es Prehistoria,
Edad de Piedra y hombre primitivo.
Cien mil años atrás
aún no está el hombre actual
sobre la Tierra,
tan solo humanoides
que compiten por espacios con comida:
agua, frutas, animales y unos peces.
Si llegamos al millón,
¿cuál es la vida
que se mueve sigilosa en el planeta?
Raros primates y extraños animales
que ahora ya no existen,
aves, peces, y otros vertebrados,
insectos, lombrices y alimañas . . .
Diez millones,
y seres más extraños
deambulan por los suelos, aire y mares.
¡Cien millones! Y están los dinosaurios

campeando por la Tierra
a su capricho.
Por más de doscientos millones
largos años,
fueron los dueños absolutos
del planeta;
con figuras cambiantes
y diversos tamaños,
tuvieron el imperio más largo
de la Historia.
Mil millones hacia atrás,
y es en el agua
que existe la vida en el planeta:
algas, esponjas,
seres invertebrados,
un supercontinente sin foresta,
sin árboles, ni frutos . . .
Cinco mil millones, y no hay Tierra,
ni hay un Sol
con su corte de planetas.
Quince mil millones hacia atrás
y ya no hay tiempo, ni espacio.
Ni vida. Ni silencio . . .

De cincuenta a cien años
es que andamos.
¿Qué es la vida
en el andar del Universo . . . ?

Nirvana.

Quisiera detener mi 'tiempo propio'
mientras transcurre el tiempo en el espacio,
reducir mi 'espacio propio' a lo imposible
mientras el universo se expande al infinito,
parar el movimiento de las cosas
y escapar de la materia en la que existo,
penetrar en dimensiones diferentes
en las que encuentre paz interna el alma.
El movimiento rompe la armonía
que por instantes alcanza el universo,
o el reflejo de las formas que sentimos.
Movimiento, espacio, tiempo, sentimientos:
existencia en sí misma que conspira
contra el estado perfecto al que se aspira,
un estado inamovible si es perfecto
y, por lo tanto, fuera de espacio y tiempo,
fuera del ser, del estar y de la vida . . .

Existencia.

Pasa el tiempo,
todo se transforma
siguiendo la rutina de los hechos.
Las cosas cambian
tan solo en apariencia;
en el fondo,
la esencia del proceso no varía,
aunque cambien los rostros
que suspiran,
que se miran expectantes,
exigiéndole a la vida,
renegando de la muerte
que a la larga,
o a la corta se avecina.
Cambian los seres,
la búsqueda es la misma:
la búsqueda de albergue,
de comida,
de una ropa que vestir,
de amar y sonreír,
de hallar el camino
hasta la cima,
de encontrar el amor,
de ver la libertad,
lograr la dicha,
de vivir
y matar en armonía . . .

Vivir matando
nos ha dado la existencia,
nos ha brindado
una precaria subsistencia
a costa de la vida
de las plantas,
de sus frutos,
de sus hojas y raíces,
de sus enormes troncos maderables,
de animales salvajes en los montes,
de la fauna y la flora de los mares,
de animales atestados en corrales
y de corrales donde sufre el hombre.
Formas orgánicas
en busca de alimentos,
que crecen,
que procrean, que florecen,
se transforman, caducan y perecen
y alimentan nuevas formas del espectro
del sonoro concierto
de la vida.
Es la misma sustancia
que renace,
que revive nuevamente los sucesos
y que añade saber
en cada ciclo
al infinito existencial del universo.

GAIA.

Dos moléculas chocaron,
se agarraron una a otra,
se quedaron en el caldo
de agua líquida y nutrientes,
medio abiótico caliente
que albergó el casual encuentro
de moléculas sin vida,
que a la vida se volvieron
pues, sin fin, reprodujeron
sus patrones de existencia.
Con el tiempo y con paciencia
se adaptaron al ambiente,
transformaron lo existente,
dieron vida a este planeta,
trabajaron en lo micro
por interminables eras,
colorearon nuestra esfera
de un azul celeste claro,
del verdor de la esperanza
por montañas y por llanos,
de una limpia transparencia
por ríos, mares y lagos.
Todo cambia en el proceso
por el cual se continúa,
con mejoras, unas veces,
con debacles, otras muchas.
Pero el tiempo no descansa:
sobreviven los que luchan,
como ser, o como especie,
transformándose a sí mismos
o al entorno que padecen,
porque la vida es batalla

y el que no lucha, perece.
Con subidas y bajadas
se ha propagado la vida
de lo simple a lo complejo,
de la química de un caldo
a la que hay en el cerebro,
de célula solitaria
al eficiente hormiguero:
de un planeta sin aliento,
que flota en un negro fondo,
a semilla de universo,
a pensamiento del Cosmos . . .

TODO PASA . . .

Campo inmenso, mar acaso,
llano extenso sin caminos,
sin fronteras, sin las metas
que nos marquen un destino,
sin siluetas, ni contornos:
sólo brumas encrespadas
que se rizan en la nada
sin dejarnos ver el todo.
El ensueño fascinante
de seguir más adelante
de la muerte, o el reposo,
que dé fin al largo acoso
de una vida exasperante,
crea la fe en la vida eterna
despojada de miserias,
de vivir con la armonía
que nos es negada en vida,
que nos saque de la bruma,
que nos dé felicidad.
La razón de la existencia
la entregamos al absurdo,
a lo incierto de un futuro
del que nadie ha regresado,
del que sólo se ha soñado
en exóticas vivencias
que conforman las creencias
de un vivir desconsolado.
Todo pasa, nada queda,
todo surge, se recrea,
se encamina en el espacio
por la ruta que hace el tiempo,
se retira hasta su ocaso
y renace en otra esfera
sin memoria de quien fuera,
de qué hizo, o qué viviera.

Nacen-mueren las estrellas,
las galaxias, los planetas,
las montañas y los mares
las colinas y los valles,
las ciudades, las culturas,
los pesares y alegrías,
las hermosas esculturas,
las pinturas, las poesías
que perecen con las lenguas,
la armonía de una paz
que resulta pasajera,
la secuoya, la palmera,
golondrinas que renacen
en palomas mensajeras,
el perrito, la mascota,
que se marcha, idealmente,
a otra "vida placentera",
los insectos que perecen,
alimañas que se pudren
y se vuelven a la tierra,
animales de corrales
que se crían con paciencia,
que dan vidas, que se matan
y se sirven en la mesa.
Todo pasa, nada queda,
todo sigue su camino
sin fronteras y sin metas,
ni señales que prevengan.
Todo marcha a su final
sin saber cuándo éste llega,
sin dejar de caminar
porque existan las tinieblas,
como el agua que va al mar,
muere y nace, se evapora,
se condensa y se renueva.

Sólo el hombre, el ser humano,
con su ego tan crecido
se imagina el elegido
de esta pléyade de astros,
e hizo centro de este Mundo
el rincón en donde habita
y no acepta su destino
como parte de un concierto
que renueva en el camino
cada nota, cada arpegio,
de esta música inmanente
con que vibra el universo.
Una música apagada
que repite en cada verso:
"nada queda, todo pasa,
y renace con el tiempo".
Ser humano: permanece
sólo aquello que tú siembras.
Tu memoria no la guardas,
la preservan los que dejas;
haz el bien, ama la Tierra,
colabora con las gentes,
haz tu aporte a la esperanza
de los muchos que padecen
este lapso de existencia.
Cuando marches, que se sienta
lo que diste en la cosecha
de la vida, de las ciencias,
de las artes, de las letras,
del cariño que brindaste
al que estuvo en tu presencia;
haz que todos te recuerden,
con sonrisas y alegría,
y perciban en sus vidas
una parte de tu siembra . . .

Pensamientos mañaneros.

Todos tenemos un camino,
un recorrido por hacer,
algún sendero,
un largo trillo que seguir,
una avenida,
algún vuelo quizás,
un derrotero,
una ruta en el mar
no muy precisa,
un perenne navegar
no definido,
un paso más que dar
por esta senda
para llegar al final
inevitable,
para arribar
a la meta no buscada
que aparece de repente,
sin aviso,
o con señales pequeñas,
indecisas,
que no impiden caminar,
seguir de frente,
construyendo la vía
no escogida,
haciendo paso a paso
algún atajo,
continuando
por algún desfiladero,
hasta el muro final,
o el precipicio,
el abismo del mar,
bosques de fuego,
el vacío sideral,
rayos del cielo,
el diluvio universal,
el sueño eterno . . .

El camino que planeamos,
inseguros,
en la marcha se transforma,
se renueva.
Al final no sabemos su destino,
ni qué cruces de caminos recorremos,
pero sigue cada uno su sendero,
con sus cruces,
sus caídas,
sus tropiezos,
influyendo,
con sus golpes y rebotes,
en la senda

que se traza el universo.

SOMBRAS.

No quiero ver la muerte de mis hijos,
ni de la chica a quien di mi primer beso,
que no se muera antes que yo la novia
a quien juré en el altar amor eterno,
ni aquella otra que conocí de niña
y que amé de mujer como en un sueño.
No quiero oír que hayan expirado
mis queridos amigos de la infancia,
ni escuchar que mis hermanos han marchado
por el rumbo que conduce hacia la nada
Que no se apure la muerte en su camino
para arrancarme la dicha del mañana;
pero no tarde en llevarme a sus dominios
antes que aquellos que quiero con el alma.

Hágase la luz

No me preguntaron
si yo quería nacer,
no escogí mis padres,
hermanos, ni familia,
raza, nación, ni techo.
Llegué a este mundo raro
a aceptar un gobierno,
unos ritos, sus reglas,
una ley, una escuela,
una patria y sus héroes,
religión con sus guerras.
Me pusieron instintos,
ilusiones, deseos,
añoranzas y amores.
Y agregaron cadenas
para ahogar los anhelos.
Yo no entré en este club
con sus reglas de hierro,
no escogí hacer mi vida
con doctrinas ni credos
que parecen absurdos
y prometen infiernos.
Si hay un dios que te exige
adorarlo y quererlo,
dedicarle unos ritos,
con sus normas y encierros,
o, en contraste, aceptar
un eterno degüello,
imagino, mi amigo,
que no es santo ni bueno,
ese dios asesino
de mi alma y mi cuerpo,

ese rey que a las tribus
doblegó sin esfuerzo
y le impuso castigos
de barbáricos gestos
y pensar primitivo.
Más honesto sería
entregar un pasaje
de retorno a la nada
al que no comprendiera
a ese ser inaudito,
que te entrega la vida,
que te amarra el sentido,
y amenaza con penas
por un tiempo infinito
si no aceptas su pacto
inconsulto y prescrito . . .

7

Variedades.

EL BARCO EN LA MAR. (1961)

Érase un barco en la mar
con blancas velas henchidas
que estaba siempre de ida
puesto un hombre a vigilar
que su puerto de partida
se pudiese todo el tiempo
desde el mástil divisar.

Daba vueltas y más vueltas
siempre el puerto divisando
y el capitán le iba dando
a su barco rienda suelta
para irse aproximando
hacia el puerto, combatiendo
contra las olas revueltas.

Y cuanto más se acercaba
más arraigaban los vientos
llevándose pensamientos
que el capitán abrigaba
y cubriendo de lamentos
aquel mar, que así ondulando,
al barco trabajos daba.

Y hasta la costa llegar
pudo el victorioso barco,
mas la tierra, al desembarco,
se esfumó en un trepidar . . .
Así se quedó entre marcos
ese barco solitario
sobre las olas del mar . . .

Pesimismo.

Iba un hombre caminando
por un lejano sendero,
entre rocas, montes fieros,
los ríos atravesando
y escasa luz, deseando
de aquella selva salir
y poder feliz vivir
en la soleada llanura
despejada de amargura
y el selvático sufrir.

Poco a poco se aclaraba
aquel sendero tortuoso
porque su cielo frondoso
la luz, pasar, ya dejaba,
que en hilos acariciaba
al rosado de las flores,
a los forestes colores
y al hombre que, iluminado
y por tal luz animado,
disipaba sus dolores.

Y finalmente llegó,
tras bajar una ladera,
hasta la inmensa pradera
por la que tanto luchó.
Alzó la vista y miró
hacia el azulado cielo,
colindante con el suelo
en el lejano horizonte,
quedándose atrás el monte
de penumbra y desconsuelo.

Campestres flores cubrían
la verde alfombra del prado
y en bello río azulado
los pajarillos bebían;
al fin sus ojos veían,
en fruto a su gran empeño,
el premio tan halagüeño
que por su lucha alcanzó . . .
¿Alguna vez tendré yo
tan buen fin en lo que sueño . . . ?

FASCISTAS.

Aquí estoy, jugando con amigos,
tranquilo, aunque triste y desdichado,
pues sé que estoy siendo perseguido
ya que un precio mi raza tiene echado.

Doce años tengo, amigo mío,
y sé que son malos cual demonios,
y que gozan sádicos, tranquilos,
de vernos morir, allá, en sus hornos.

En este momento se combate:
oigo el explotar de nuestras minas
y, ¡oh Dios!, el sonido de los tanques
que hacia acá, parece, se encaminan.

Ahora tiemblo y pienso si son ellos,
o si son los nuestros, a Dios suerte . . .
Pero no, el cielo es ahora negro:
¡Llegaron los pajes de la muerte!

Mi padre se encuentra combatiendo
y no tengo aquí más familiares:
de madre soy huérfano hace tiempo
y ¿hermanos?: murieron ayer tarde.

Un tanque ha llegado hasta esa esquina
y corriendo estoy, acorralado,
mas sé que asomado a la escotilla
un hombre me tiene ya apuntado.

Me encuentro corriendo cuanto puedo:
alejarme quiero del soldado . . .
Las balas me zumban en su vuelo:
es que el asesino ha disparado.

Ahora siento un ardor indefinible
en todo mi pecho y en la espalda.
¡Ya está mi destino tan visible . . . !
¡Ya encuentro la noche yo tan clara . . . !

Pues bien, me despido amigo mío,
me marcho para siempre de este oasis:
di al mundo que ha muerto otro judío,
di al mundo que lo ha matado un nazi . . .

CAÑAVERAL.

Campo adentro,
descontento,
carga y tira
las cosechas . . .
Sufrimiento.
Pasan días:
no varía;
sigue el polvo
por las venas.
El sol sale,
va muy lento:
poco a poco
se desliza
por el triste
firmamento;
no camina . . .
Sufrimiento.
Tras la noche,
sin ser día,
vuelve quedo,
campo adentro,
con cansancio,
con sus sueños,
con dolores,
descontento.
Y de nuevo
sale el sol
y sorprende
con sus rayos
las miradas
de silencio . . .
Sufrimiento.
Sudor, sacos,
sed y hambre,
tierra seca
sobre el cuerpo.
Sigue el barco
sin ver tierra,
mar adentro,
mar adentro . . .

Día de la Victoria en el Metro de Moscú

("stantsia": estación de Metro, en ruso)

Escaleras inmensas,
escaleras muy largas
que, imperturbables
y sin descanso,
suben y bajan.
Un tren que llega
y, sin pensarlo,
busco una puerta
por donde salen
mil flores vivas,
cien flores muertas
y unas medallas . . .
Y me arrincono
junto a unos vidrios
por donde corren
los negros tubos
de unas paredes
que hacen camino
bajo la tierra,
por sus entrañas.
Y allá en los vidrios
brilla el reflejo
de flores vivas,
de flores muertas
y unas medallas . . .

Pasa una "stantsia",
le sigue otra,
con ritmo ciego
de rieles fríos,
con ruido seco
que no se apaga;
cambian las flores
vivas y muertas,
cambian los rostros
y las medallas . . .

¿Cuántos recuerdos
habrá en sus mentes?
¿Cuántas angustias
hubo en sus vidas?
¿Cuántos kilómetros
bajo tierra
habrán corrido
con la mirada
vaga y perdida
en las imágenes
de un combate
que dio la muerte
a su propia vida?

Y sigue el tren,
sigue la vida,
crecen las obras
y el hombre crece.
Y nacen flores
cerrando heridas,
que así reemplazan
con su hermosura
a aquellas otras
que ya marchitas
lentas caminan,
como si muertas.

¿Y las medallas . . . ?
Esas se quedan:
en el tren raudo,
las flores vivas,
en la escalera
que no descansa,
en el combate
que siempre queda,
en la esperanza
de la victoria
y el optimismo
de una sonrisa.
En donde hay vida
relumbran ellas . . .

Ejercicio poético.

Un soneto no clásico me manda a hacer Violante
que tenga del de Vega su interna descripción;
construyo así esta estrofa con rima consonante
en parte de sus versos, pero en el cuarto no.

Con verso alejandrino prosigo hacia adelante
recordando a Darío y a su indio campeón;
comienzo así este verso y lo acabo triunfante
pues cierro otro cuarteto que imita al anterior.

Comienzo este terceto con rima renovada
de acuerdo con la regla que da esa libertad,
resultando, muy pronto, que el terceto se acaba.

Con cuidado me adentro en el otro terceto
y noto que muy cerca se encuentra ya el final:
un verso, unas palabras, y concluyo el soneto.

INS

(Immigration and Naturalization Service)

Incertidumbre permanente,
sin saber si habrá un mañana nuevo,
o si será un ayer que se repite,
un hoy que nunca acaba en sus amarres,
que no termina en sus pretextos
para no dar el papel que necesitas,
para obligarte a seguir todo sumiso,
atrapado en las redes asfixiantes
de burócratas de cuello y de corbata,
de sonrisas maniquíes tras cristales,
con miradas de amenazas si señalas
algún error cometido en contra tuyo.
Burócratas que exigen sus derechos:
necesidades de aire frío en la oficina,
de los tiempos de merienda y de comida,
del café y del chiste entre planillas
y asegurar la hora exacta para irse.
El derecho de tomarse vacaciones
y atrasar dos o tres días el regreso:
los inmigrantes que tenían entrevistas
pospondrán dos o tres meses sus derechos,
los sumarán a uno o dos años de extravíos
de documentos en gavetas escondidas,
que por respuesta reciben un: "Lo siento,
debe 'aplicar' y comenzar de nuevo";
desbarate sus sueños y esperanzas,
reformule los planes de su vida . . .
Triste camino el que debe recorrerse
para ser ciudadano con derechos:
renunciar a los derechos ciudadanos,
a maniquíes ciudadanos someterse,
y tragarse los errores cometidos
por no alargar el camino que padeces . . .

Números cuánticos.

Cuatro números controlan los estados
del electrón que orbita sobre el núcleo:
la energía es lo primero cuantizado
y el momento angular es lo segundo.
Ante un campo magnético aplicado
se reclina la órbita en su curso
tan sólo a unos valores apropiados.
Y el electrón, como un trompo, hace su rumbo
inclinándose en el campo en "up" y "down".

POESÍA

La poesía
ha cambiado con el tiempo
y con los poetas.
De la métrica perfecta
al verso libre,
de las rimas consonante y asonante
a disonancias,
a contrastes sonoros que nos pierden,
que confunden.
Si mantiene un ritmo interno,
una cadencia,
se presenta como un poema vanguardista
entre otros muchos,
como cuero de bongó
que altisonante
dispara sílabas y letras que no riman,
que no guardan una métrica,
que no ajustan su figura
al esquema del soneto
o la cuarteta,
ni a la octava u octavilla,
ni a la décima.
Tan solo líneas enlazadas
por un tema central,
por una idea,
que se deja acariciar sin consistencia.
O quizás un leve son
(a veces ni eso)
que estire su compás y sus silencios,
que vibre con interna melodía,
que agolpe imágenes verbales surrealistas,
quizás indescifrables . . .
Pero logre convencer
que aún es poesía . . .

8

Alegrías.

ADELISSA (2009)

Alegría que contagias,
Diario empuje que desbordas,
Esperanza que transmites,
Lejanías que destrozas,
Indomable en lo que crees,
Sencillez de niña y rosa,
Ser que atraes por tu encanto,
Adorable como diosa . . .

DICHA.

Soñar tu rostro es melodía,
sentir tu aliento es excitante,
mirar tu cuerpo es fantasía,
besar tu piel es fascinante.
Tomar tus manos en las mías
transporta al cielo por instantes.

Sentir tu pecho contra mi pecho,
tus labios tiernos contra los míos,
tu tibio cuerpo sobre mi cuerpo,
tu aliento exhausto por el delirio,
es como un sueño, pero despierto,
que lleva el alma hasta el paraíso.
Rozar tu brazo contra mi brazo,
sentir tu alma junto a la mía,
rodearte el talle con suave abrazo
sentir tu esencia que me da vida
es el anhelo, es la esperanza,
es mi deseo de cada día . . .

CHIQUITÍN.

La vida ha dado un vuelco en mi camino
que solitario y acabado recorría.
Me la llena una mujer de fantasía,
una familia que completa mis anhelos
y un chiquitín llegado de los cielos
para animar mis ansias y fatigas.
Interesante, a estas alturas de mi vida,
sentir con alegría el llanto
de un bebé que despierta a media noche
solicitando calor y su alimento,
o aligerar un cólico de espanto.
Se interrumpe el sueño con encanto
y hace pensar en la vida que comienza,
que depende del cariño que reciba,
del afán y el empeño que pongamos
en orientar sus sueños y conquistas.
En mi vida es una fuente de esperanzas
que se prolonga sin fin en su sonrisa . . .